Yao Ghislain N'DRI

CRACK WINDOWS CLIENTE E SENHA DO WINDOWS SERVER EM MENOS DE 60 SEGUNDOS

Yao Ghislain N'DRI

CRACK WINDOWS CLIENTE E SENHA DO WINDOWS SERVER EM MENOS DE 60 SEGUNDOS

ScienciaScripts

Imprint
Any brand names and product names mentioned in this book are subject to trademark, brand or patent protection and are trademarks or registered trademarks of their respective holders. The use of brand names, product names, common names, trade names, product descriptions etc. even without a particular marking in this work is in no way to be construed to mean that such names may be regarded as unrestricted in respect of trademark and brand protection legislation and could thus be used by anyone.

Cover image: www.ingimage.com

Este livro é uma tradução do original publicado sob ISBN 978-620-2-54558-7.

Publisher:
Sciencia Scripts
is a trademark of
Dodo Books Indian Ocean Ltd., member of the OmniScriptum S.R.L Publishing group
str. A.Russo 15, of. 61, Chisinau-2068, Republic of Moldova Europe
Printed at: see last page
ISBN: 978-620-3-31280-5

Tabela de Conteúdos

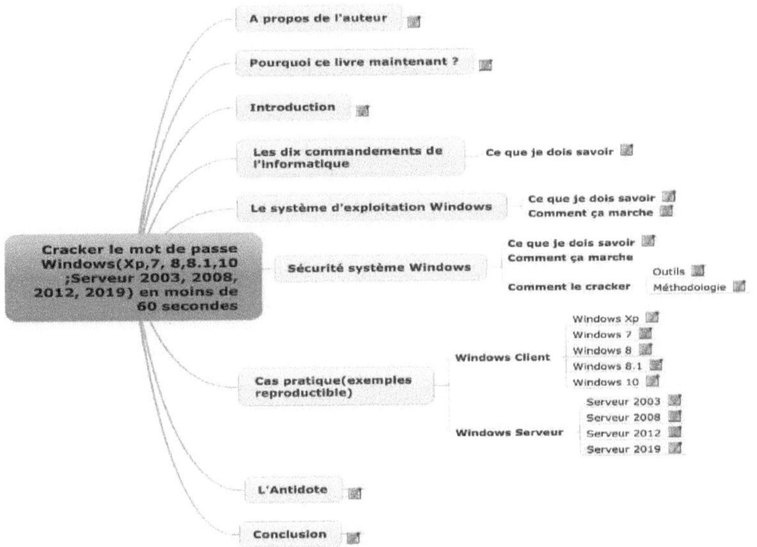

A propos de l'auteur
Pourquoi ce livre maintenant ?
Introduction
Les dix commandements de l'informatique
Ce que je dois savoir
Le système d'exploitation Windows
Ce que je dois savoir
Comment ça marche
Sécurité système Windows
Ce que je dois savoir
Comment ça marche
Comment le cracker
Outils
Méthodologie
Cracker le mot de passe Windows(Xp,7, 8,8.1,10 ;Serveur 2003, 2008, 2012, 2019) en moins de 60 secondes
Cas pratique(exemples reproductible)
Windows Client
Windows Xp
Windows 7
Windows 8
Windows 8.1
Windows 10
Windows Serveur
Serveur 2003
Serveur 2008
Serveur 2012
Serveur 2019
L'Antidote
Conclusion

"'Um computador é uma ferramenta incomparável nas mãos de quem o conhece. "Sob os dedos do burro, é uma arma manuseada por um homem cego no meio de uma multidão.

<u>Chester Himes</u>

Sobre o autor

 O meu nome é Yao Ghislain N'DRI, e tenho uma formação educacional que pode ser qualificada como especialista em ciência e tecnologia com uma especialização em Telecomunicações e Redes.

Esta é uma área muito crítica onde tudo é apenas binário (0 ou 1). Fez um dano (É um zero (0) e é despedido da empresa e até processado!) ou fez uma boa acção (é uma (1) Bravo! tudo funciona!).

Na minha busca para resolver problemas cada vez mais complexos e para testar os limites de segurança das senhas, no campo do software, pareceu-me bom ajudá-lo, dando-lhe os segredos das minhas recentes investigações.

Actualmente formador em administração de redes, manutenção de computadores e técnicas avançadas de resolução de problemas informáticos, tenho a honra de vos explicar de forma prática fagon como quebrar qualquer palavra-chave do Windows (e sim quase sem esforço!).

Sou também o autor do livro *"Infallible PC Troubleshooting Techniques and Methods". (disponível em todas as lojas online), publicado por Editions Universitaires Europeennes, 142 páginas [Outubro 2019].*

Pode contactar-me para qualquer sugestão porque este livro ainda é perfeccionável em muitos pontos...

Endereço de correio electrónico: yao.ghislain77@gmail.com

Dito isto, vamos...

Agradecimentos

Àquele que existe por si mesmo, o Único Deus, Invisível e Eterno, só para Ele seja a Glória para todo o sempre, Amém.

Porquê este livro agora?

Há três (3) anos atrás, eu estava sentado no meu computador e no laboratório de manutenção e resolução de problemas de rede, quando de repente um professor que estava de partida para a sua conferência me trouxe o seu computador cuja senha tinha sido alterada no dia anterior por um dos seus filhos e ele não queria perder os seus dados ou reinstalar o seu sistema (porque continha pacotes de software suficientes!) (Atenção situação crítica!).

Há muitos utilizadores que sempre lhe trazem os seus computadores que utilizam há muito tempo e cuja palavra-chave foi esquecida ou alterada, quer pelo seu filho ou por um dos seus parentes próximos sem o seu conhecimento, ou enquanto a entregam a um terceiro para lhe fazer serviços, modificaram-na (pessoas de má fé!).

Também ainda, após uma ligeira revisão dos blogs, muitos falam em remover e redefinir a palavra-passe do Windows, mas com tal complexidade que o leigo se perde no significado do assunto com infinitas linhas de comando.

E mesmo em motores de busca (Google, DuckDuckGo... Para mencionar apenas os mais utilizados) explicar como hackear a palavra-passe do Windows com software, mas muito poucos explicam exactamente como reiniciar, apagar, substituir a palavra-passe do Administrador em menos de sessenta (60) segundos, e com exemplos reprodutíveis.

Além disso, muito poucos livros falam sobre a remoção da senha de Administrador, o Windows Prompt e como resolvê-la em menos de sessenta (60) segundos.

Além disso, na qualidade de informático, mantenedor, formador na área da resolução de problemas informáticos e de rede, tendo experimentado esta situação várias vezes e tendo-a resolvido rapidamente e em menos de sessenta (60) segundos, olho neste livro sobre este assunto que tem causado bastante tinta, e muita saliva (em sites como o YouTube), vindo até si para lhe entregar os segredos do meu laboratório de testes, o que lhe permitirá ultrapassar em tempo recorde e quase sem esforço esta dificuldade para que nunca mais perca os seus dados informáticos.

Atrasando também a publicação deste livro porque pensei que num futuro próximo, alguém poderia publicá-lo, procurei muito e pareceu-me impossível encontrar esta técnica na web que ajudaria os cientistas informáticos a resolver este problema em menos de sessenta (60) segundos.

Hoje, mais do que nunca, parece-me agora necessário ajudar os leigos, amadores, gestores de equipamento informático, trabalhadores de manutenção, professores, profissionais, particulares, estudantes, e até peritos que têm um conhecimento profundo do assunto, mas cuja técnica e tecnicidade por vezes lhes escapa, porque resolver um problema informático rapidamente e sem suar o suficiente é uma competência que qualquer especialista em informática digna desse nome deve desenvolver.

1.

1. Introdução

Muitos cientistas informáticos, administradores de redes conseguem ser muito fortes num bom número de campos e campos muito mais complexos, campos muito avançados mas muitas vezes falham o essencial, um número mínimo deles vêem-se a si próprios como totós, mas quantas vezes os campos mínimos escapam-nos por vezes.

Quantas vezes os nossos dedos cresceram tanto que tivemos até dificuldade em levantar uma agulha que está no chão! Quantas vezes temos dificuldade em resolver um problema menor!

Somos cientistas informáticos, pelo menos todos nós que vamos utilizar este livro, por isso devemos ter sempre em mente que *o mesmo problema requer sempre a mesma solução e não temos de resolver o mesmo problema duas vezes.*

Este livro é construído em torno de quatro princípios, como se segue:

    O que eu preciso de saber é...

    Como funciona...

    Como é que o cracker (método)...

    Caspraticável (exemplos reprodutíveis) ...

2. Os Dez Mandamentos das Tecnologias de Informação
O que eu preciso de saber

O que se faz determina repetidamente, em grande medida, o que se é. E o espírito dentro de si fará com que faça o bem ou o mal (mas não ambos ao mesmo tempo e na mesma situação!).

Assim, gostaria de chamar aqui a vossa atenção e falar do espírito do bem que está em vós apelando às regras da arte e da ética enterradas dentro de vós.

Este documento só pode ser utilizado e aplicado por pessoas que neles tenham, o que eu poderia chamar **os Dez Mandamentos da Informática** que foram tão bem declarados pelo Instituto de Ética Informática (CEI) e que confesso que cada frase permanece o meu lema quando estou em frente de um computador ou de qualquer outro equipamento informático.

Ao utilizar as técnicas e métodos utilizados neste livro, e mantendo estes Dez Mandamentos em mente, ajudará mais pessoas, os seus familiares, amigos, conhecidos e mais, pois num mundo cheio de terror, animosidades, desafios e tentações, fazer o bem tornou-se uma virtude rara e uma virtude que aqueles que o possuem se elevam acima dos seus semelhantes.

O Instituto de Ética Informática (CEI) é um recurso para todo o sector das tecnologias de informação. Identifica, avalia, e responde a questões éticas. A CEI foi uma das primeiras organizações a identificar as questões éticas e de política pública resultantes do rápido crescimento do sector das TI. Esta figura apresenta os Dez Mandamentos da Informática emitidos pelo Instituto de Ética Informática (CEI).

Les dix commandements de l'informatique

1. Tu n'utiliseras pas un ordinateur pour causer du tort à ton prochain.

2. Tu n'interviendras pas dans les travaux informatiques d'autrui.

3. Tu ne fouilleras pas dans les dossiers informatiques qui ne t'appartiennent pas.

4. Tu n'utiliseras pas un ordinateur pour commettre un vol.

5. Tu n'utiliseras pas un ordinateur pour porter un faux témoignage.

6. Tu ne copieras pas et tu n'utiliseras pas un logiciel propriétaire que tu n'as pas acheté.

7. Tu n'utiliseras pas les ressources informatiques d'autrui sans son autorisation ou compensation appropriée.

8. Tu ne feras pas tienne la propriété intellectuelle d'autrui.

9. Tu réfléchiras aux conséquences sur la société du programme que tu écris ou du système que tu conçois.

10. Tu utiliseras toujours un ordinateur uniquement dans la considération et le respect de ton prochain.

3. O sistema operativo Windows

3.1. O que eu preciso de saber

O arranque de um computador envolve um processo duplo: iniciar o hardware e carregar o sistema operativo (software).

Quando um computador (PC) é ligado, a fonte de alimentação envia um impulso para o processador, que inicia um comando de arranque a partir do Sistema Básico de Entrada/Saída (Bios). Depois a Bios entra em acção. Este programa está integrado na ROM e controla as funções básicas do PC. Foi concebido para que o PC possa trabalhar com o sistema operativo. É responsável por controlar as funções de entrada/saída do PC e carregar o sistema operativo por meio de uma sub-rotina. É responsável pela formação do POST (Power On Self Test) que irá realizar as seguintes verificações:

- o Comparação dos seus códigos de chip com os códigos de chip de memória.
- o Locais de memória.
- o Cartões de expansão.
- o Portas seriais e paralelas.
- o As horas.
- o A placa de vídeo.
- o A porta do teclado.
- o Escrever dados para a RAM e depois ler os dados de volta.

- o Unidade de disquete e disco rígido e compara-os com o que está escrito em CMOS.
- o Procura de ficheiros do sistema.
- o Carregamento do sistema operativo.

Se reparar, **o sistema operativo carrega por último.** [1]

O que é um Sistema Operativo (SO)?

Um SO é um programa de software que permite que o hardware do computador comunique e funcione com um programa de computador que inicia o sistema.

---

[1] Yao Ghislain N'DRI. "Techniques et Methodes infallibles de Depannage PC," *Editions Universitaires Europeennes,* 2019, P.45

Quando o sistema operativo (SO) arranca, a primeira coisa que qualquer utilizador encontra é a página de login do sistema. O SO executa *a autenticação do utilizador*, o ficheiro da palavra-passe do sistema é recuperado e a autenticação do utilizador é executada. Normalmente, as palavras-passe são armazenadas no mesmo ficheiro do Gestor de Contas de Segurança *(SAM)* quando o sistema operativo é Windows. Enquanto no caso do Linux, as palavras-passe são armazenadas no ficheiro *Sombra.*

Uma vez terminada a autenticação, pode aceder ao sistema e fazer o trabalho que deseja fazer. Por exemplo, o utilizador abre um documento Word e guarda o ficheiro no local desejado.

Mas o que acontece nos bastidores quando lançamos a abertura de um

Documento Word?

Cada acção executada é agora suportada pelo sistema operativo, que é construído com base numa arquitectura em camadas compreendendo o hardware, o núcleo inferior, uma máquina virtual seguida pelo sistema operativo, e finalmente as aplicações.

O **hardware,** como sabemos, é o conjunto de elementos físicos que compõem um sistema informático. Então, **o que é um caroço**? O núcleo forma o núcleo de um sistema operativo, tal como o núcleo de um corpo humano. O principal objectivo do núcleo é gerir os recursos do sistema, preenchendo a lacuna entre software e hardware. Também cria a ponte entre o software do sistema que é o núcleo e as aplicações concebidas para executar tarefas específicas. As **máquinas virtuais** são uma emulação da memória do processador da máquina anfitriã, disco rígido e largura de banda para executar outro sistema operativo dentro da máquina anfitriã. Este conceito chama-se virtualização, e agora permite abrir a aplicação Microsoft Word.

Já pensou no que acontece quando se abre um documento Word?

A primeira coisa a fazer é atribuir um espaço de memória para criar um processo. O sistema operativo chama a unidade de gestão de memória para o fazer e depois executa as instruções no espaço do kernel.

3.2. Como funciona

O computador vem da palavra inglesa **COMPUTER**, que significa: Common Operating Machine Purposely Used for Technological and Educational Research.

Como funciona um computador?

Uma vez premido o botão de ignição, a fonte de alimentação envia uma corrente para a placa-mãe, que por sua vez activa os componentes principais como a bios, o processador e a memória.

O que é a fonte de alimentação?

A fonte de alimentação é como o sistema digestivo humano (converte os alimentos nos componentes necessários para o corpo), converte corrente alternada (CA) em corrente contínua (CC). É uma componente interna da unidade central. Agora vamos dar uma vista de olhos à placa mãe. A placa mãe é como o sistema nervoso do ser humano (todos os órgãos do corpo humano estão ligados a ela), todos os circuitos impressos estão ligados a ela. O processador, disco rígido, bios, ram, placas de vídeo, placas de som estão ligados a ele. Quando a placa-mãe recebe energia, começa a alimentar um primeiro circuito chamado Sistema Básico de Entrada e Saída (BIOS). A bios comunica com um chip CMOS que contém as definições da bios.

O que é a BIOS

O primeiro circuito lido pelo PC quando o sistema é ligado chama-se BIOS. Contém as instruções e o pós-teste (teste para verificar o bom estado dos componentes). Quando este teste é feito correctamente, envia um bom sinal de potência ao sistema para que este continue o resto da bota, caso contrário envia um sinal de erro.

A BIOS inicializa os componentes que estão na placa-mãe tais como: processador, placa gráfica, placa de vídeo, placa de som, ventirad, etc., componente ligado ao sistema. Estes são chamados de hardware BIOS.

A BIOS inicializa primeiro o processador e o carneiro.

O que é o processador?

É como o cérebro humano que controla as acções voluntárias e involuntárias. Chama-se Unidade Central de Processamento (CPU) e é o elemento que dá instruções ao sistema. É constituída por duas partes principais:

* A primeira consiste em: a unidade aritmética e lógica (ALU) e a unidade de controlo (unidade de controlo)

- A segunda parte consiste na memória cache.

Estas duas partes principais formam aquilo a que se chama a parede do processador.

Princípio de funcionamento

A unidade aritmética e lógica é dirigida pela unidade de controlo. Executa as instruções na memória cache.

A memória cache contém registos. A fim de armazenar dados na memória, utiliza portões lógicos.

O processador para desempenhar as suas funções utiliza vários núcleos (creur) :

- Quando se trata de uma única toca que temos: UM ÚNICO PROCESSADOR DE NÚCLEO

- Quando são duas escavações, obtém-se: PROCESSADOR DUAL-CORE

- Quando se trata de um creur duplo + um creur duplo temos : UM PROCESSADOR QUAD CORE

O processador pode executar *n* número de instruções por segundo é a velocidade do processador. A diferença no tempo de execução de uma instrução depende do fabricante. Os fabricantes de computadores mais conhecidos incluem Advanced Micro Device (AMD) e INTegrated ELectronics (INTEL). Relativamente à velocidade de execução de um processador, se tomarmos por exemplo 2,6 GHz como frequência, então ele pode executar 2,6 mil milhões de instruções num segundo. A execução das suas instruções é feita por um sistema de comunicação chamado BUS. Os BUS utilizam um sinal de comunicação que consiste em 0 e 1's. Estes 0's e 1's são chamados linguagem de máquina.

4. Segurança do sistema Windows

4.1. O que eu preciso de saber

Duas coisas que deve saber:

Em primeiro lugar, onde é que o Windows guarda as palavras-passe de todas as contas dos seus utilizadores?
As senhas de contas locais de todos os usuários são armazenadas de forma criptografada no arquivo SAM (Security Accounts Manager), especificamente no arquivo :
  "HKEY_LOCAL_MACHINE_MACHINE_SAM" *no registo do Windows.*

Em segundo lugar, como recuperar este ficheiro e apagar o seu conteúdo ou quebrar as palavras-passe contidas neste ficheiro?
Para recuperar o ficheiro SAM, é necessário utilizar uma ferramenta (aqui usaremos o Trinity Rescue Kit, disponível para download gratuito) externa ao próprio Windows para poupar tempo e usar menos esforço (evitar manipulação mental suficiente, porque enfraquece o humano!).

Para poder apagar, redefinir, alterar a palavra-passe de um computador em menos de 60 segundos, deve poder entrar no processo do computador para assumir o controlo do seu programa (manter privilégios).
Neste livro o segredo é revelado, pelo que aprenderá com o mínimo esforço para remover todas as palavras-passe, sejam elas do Administrador, do Convidado, e mesmo do Utilizador do Poder (Voltaremos mais detalhadamente na prática).

4.2.   Como funciona!

Agora que sabemos estas coisas, já é muito bom. Agora vamos ao computador, não só ao computador mas também ao sistema operativo para encontrar o ficheiro SAM e remover a palavra-passe (dissemos anteriormente que o ficheiro SAM continha todas as palavras-passe de diferentes contas localizadas no disco rígido do computador).
Comecemos com o facto de que quem quer que utilize um computador tem privilégios.
O que é um privilégio?
É como um poder que o faz dominar o computador, por isso tem a capacidade de dar ordens ao computador. Pode, por exemplo, modificar um processo nele, imprimir um ficheiro e até fazer o que quiser com o computador. Em termos de

privilégio, podemos mencionar: o administrador e o convidado.

Privilégios num computador com sistema operativo Windows

Para Windows há o administrador, o pronto e o utilizador com poder. Para o administrador é também chamado NT/Authority é como o super utilizador root do linux (quebraremos a palavra-passe em menos de 60 segundos).
Para o pronto não tem privilégio (Veremos no seguinte guia prático como remover a senha)
Para o utilizador de energia, é ele que permite a instalação dos programas e auxiliares (veremos como remover a palavra-passe também neste caso).

O ficheiro SAM

O ficheiro SAM, Gestor de Contas de Segurança, contém a lista de contas e as palavras-passe encriptadas. Este ficheiro está geralmente localizado no directório *C:\Windows\System32config*. Nem mesmo um administrador pode ler este ficheiro directamente. Uma vez que o sistema operativo está localizado no disco rígido e o sistema de ficheiros do disco rígido é NTFS, falemos sobre isso.

NTFS

Para obter o ficheiro da palavra-passe, qualquer condutor NTFS serve (mas demasiado longo!). Então, um ataque por dicionário ou força bruta é possível, mas ainda pode levar tempo. É por isso que escrevemos este livro, para o poupar de perder tempo. Assim, iremos utilizar um utilitário Linux para remover as palavras-passe que estão escondidas no ficheiro SAM.

4.3. Como decifrá-lo

4.3.1. Ferramentas

Φ- Precisamos de uma chave USB de no mínimo um (1) GB.

A partir do software Trinity Rescue Kit, disponível como download gratuito e gratuito também! (Dar-lhe-ei a ligação no seguinte).

Esta ferramenta foi testada várias vezes e de várias maneiras, redefinindo todas as palavras-passe do sistema operativo Windows. Foi tornado público aqui para beneficiar vários administradores e especialistas em informática nas situações mais ambíguas e delicadas.

Explico: "És o supervisor dos técnicos informáticos e eles enfrentam um problema de senha no computador pessoal do chefe (o chefe deu um computador a um dos técnicos informáticos dizendo-lhe que se esqueceu da sua senha e que precisa do seu computador imediatamente. Mas como acontece na precipitação, os técnicos estão em apuros e vêm directamente ter consigo, o supervisor)". É um software sob GPL (General Public Licence), a partir do kernel Linux, é acessível a todos e gratuito.

Descrição

Trinity Rescue Kit (TRK) é um utilitário de restauração e reparação gratuito para o seu PC Windows ou Linux. É uma solução baseada em CD ou USB que arranca quando a sua máquina arranca.

Ligação para descarregar:
ftp://ftp.osuosl.org/pub/trk/trinity-rescue-kit.3.4-build-372.iso
Graças a uma interface de fácil utilização, através do seu menu pendente, permitir-lhe-á realizar uma série de operações que vão desde a redefinição de palavra-passe, limpeza de disco, até à verificação de vírus. Para aqueles que têm mais experiência com este tipo de ferramenta, a manipulação da linha de comando está disponível.
O Trinity Rescue Kit oferece uma gama de ferramentas e características úteis e necessárias. Permitir-lhe-á procurar vírus no seu PC com a ajuda de 5 ferramentas integradas, com a possibilidade de fazer actualizações online. Suporta a partição e escrita ntfs, suporta uma vasta gama de hardware, Winclean incorporado, um utilitário que limpa todo o tipo de ficheiros temporários desnecessários, e permite até a clonagem de PCs através de uma rede graças às funções de multicast.

Trinity Rescue Kit pode actualizar-se automaticamente (verificações de vírus, alterações efectuadas, etc.), encontrar e montar diferentes sistemas de ficheiros, suportar servidor proxy, lançar um servidor ssh, etc. No lado da recuperação, a TKR pode restaurar ficheiros, mesmo apagados, bem como partições apagadas ou perdidas, sem quaisquer outras ferramentas ou procedimentos específicos.
Está disponível uma documentação muito completa, incluindo as linhas de comando do software. Para criar o CD, basta descarregar o ficheiro ISO no link indicado e depois torná-lo inicializável numa chave USB de 1Gb no mínimo.

4.3.2. Metodologia

1) Bioenxerto

É necessário ter acesso à BIOS para a instalar. Para tal, é necessário utilizar a tecla F2 ou F12 ou Esc (por favor leia o texto que aparece logo após ligar o seu computador para saber como introduzimos a BIOS do seu computador).

2) Ligar a chave USB

Depois de definir a BIOS, assume-se que a pen USB é seleccionada primeiro na BIOS e assim o computador inicializará a partir da pen USB que fizemos devidamente com um software como **"ventoy"** ou **"yumi"**.

3) Arrancar o computador

O computador arranca normalmente iniciando o seu arranque a partir da chave USB, depois aparece o menu de ferramentas "trinity-rescue-kit.3.4-build-372_2.iso".

4) Selecção da ferramenta de reinicialização

Seleccione o menu que nos interessa aqui usando as setas do teclado.

5) Introduza o nome do Administrador/Guest

Esta ferramenta permite-nos reiniciar todas as contas de utilizador do Windows, quer seja Administrador ou Prompt, apenas por saber o nome do prompt ou Administrador que é capaz de o reiniciar.

6) Eliminação

O menu de ferramentas a ser seleccionado, o nome da conta a ser introduzida, temos agora de apagar a palavra-passe digitando ' *1*' e depois validando com a tecla enter do teclado (veremos os casos práticos num segundo).

5. Caso prático (exemplos reprodutíveis)

Neste livro, quando falamos de casos práticos, estamos a falar de exemplos reprodutíveis. Portanto, que a teoria se cale e que a prática se realize. Viva a prática! Viva a prática!

5.1. Cliente Windows

5.1.1 Windows XP

A interface que vê (imagem abaixo) é a imagem do ecrã inicial do Windows XP/Vista bloqueado. E esta interface pode mudar, dependendo da versão do Windows. O importante a lembrar aqui é que o nome que aparece após o ecrã do Windows está bloqueado é o nome a anotar tendo em conta o caso (o nome está em maiúsculas ou minúsculas, existem caracteres, números, símbolos, letras em maiúsculas ou minúsculas, no início, no meio ou no fim do nome? *que é sensível a casos),* porque é este nome (escrito da mesma forma que se vê no ecrã de bloqueio) que nos permitirá mais tarde apagar a palavra-passe.

Assim que tivermos conhecimento do nome do utilizador da conta a eliminar (no nosso caso aqui é a Dell), precisamos agora de

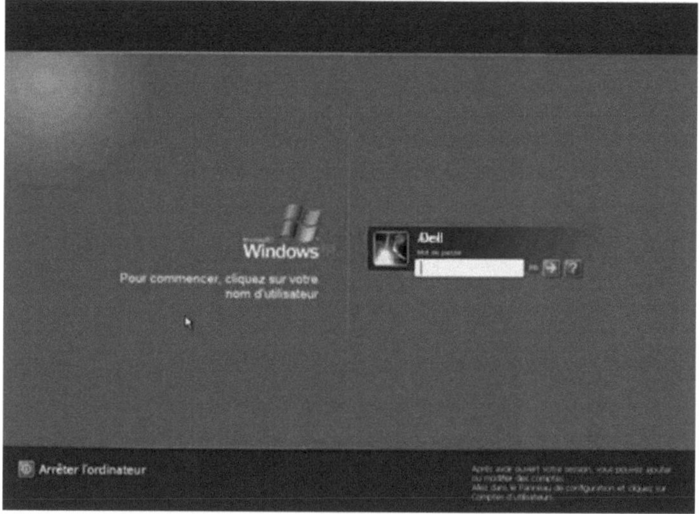

Figura 1: Bloqueio do ecrã do Windows

reiniciar o computador para arrancar a partir da pen USB.

Q- Insira a sua chave USB bootável (chave USB contendo o software Trinity

Rescue Kit) no seu computador.

3.4) e arrancar o computador a partir do stick (o sector de arranque já está configurado para arrancar a partir do stick USB.

O **seu** computador arranca na sua pen USB e o seguinte ecrã aparece depois de arrancar na sua pen USB

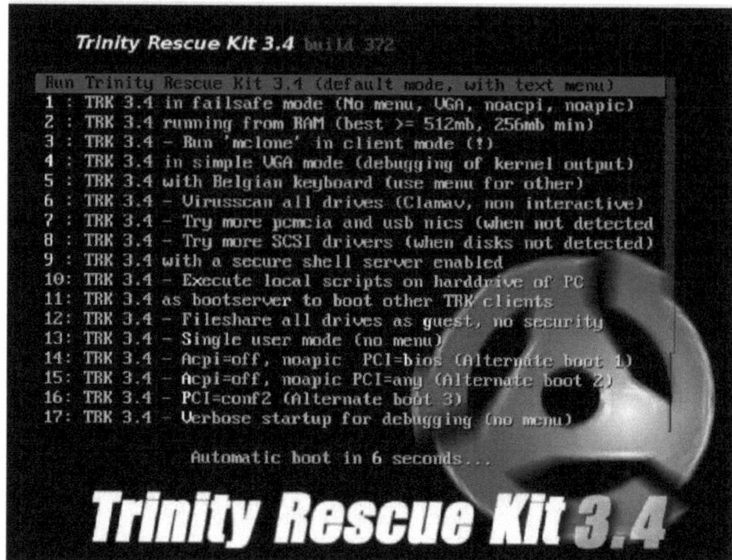

Figura 2: Trinity Rescue Kit 3.4 interface em casa

Imediatamente a seguir, há uma descompressão do núcleo do software, como se

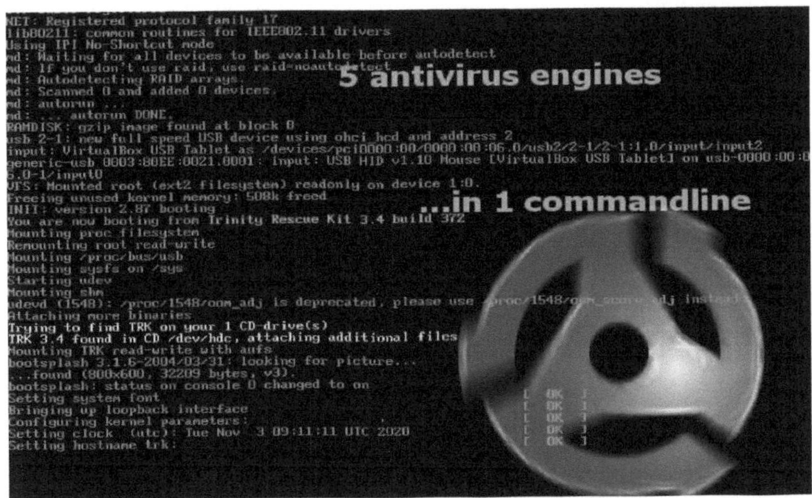

Figura 4: Trinity Rescue Kit 3.4 Interface de Descompressão

Depois vem o menu de software

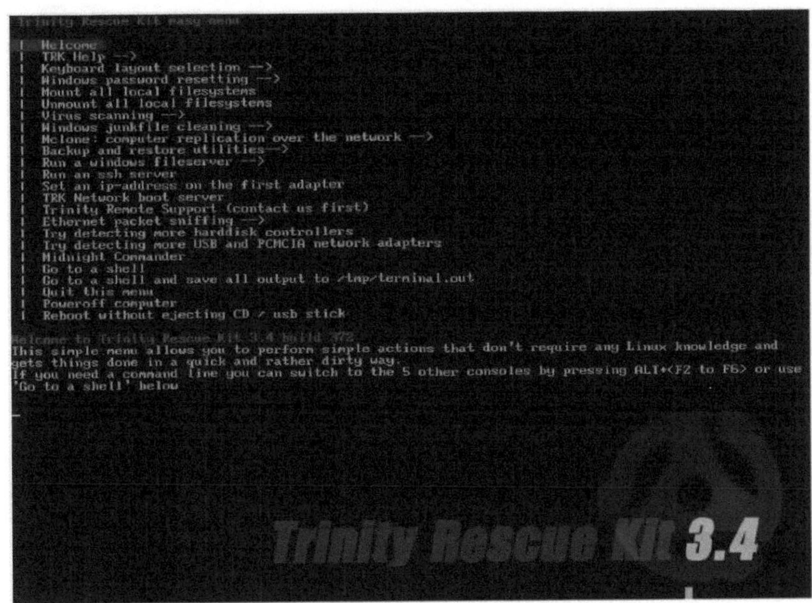

Figura 3: Trinity Rescue Kit 3.4 Menu Essentials

segue:

E ainda não acabou! Escolhemos: "redefinição de senha do Windows", como mostra a figura abaixo:

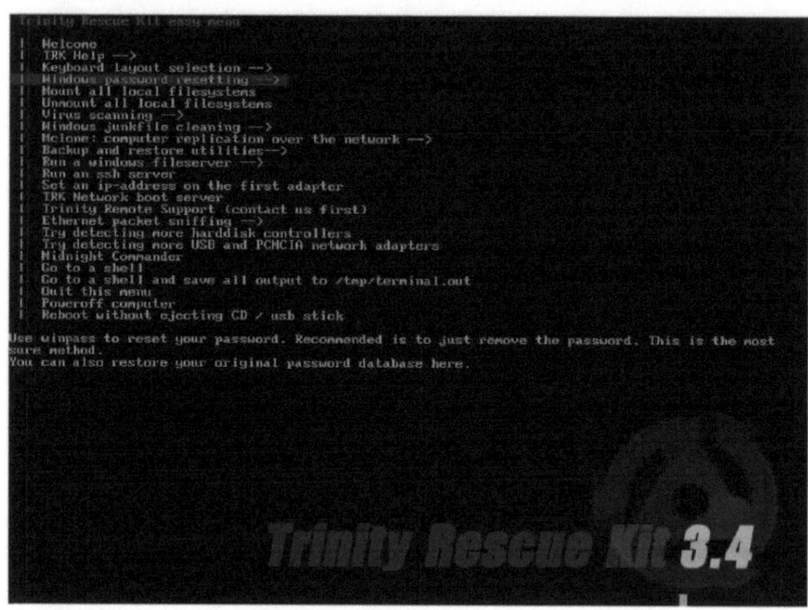

Figura 5:Selecção de redefinição de palavra-passe do Windows

Após a selecção, aparece o seguinte menu:

Figura 6: Menu de reinicialização

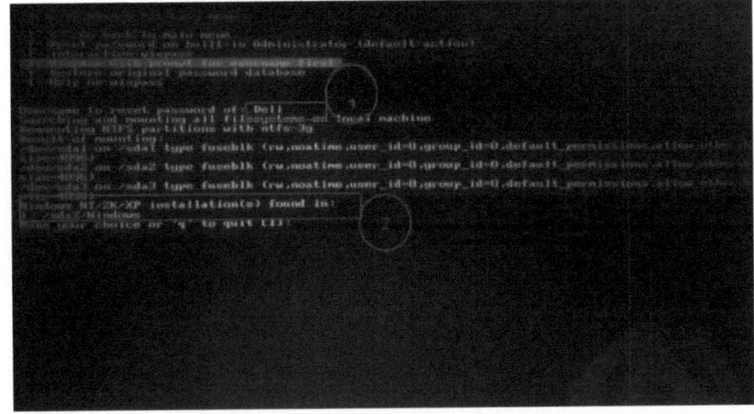

Figura 8: O nome do Administrador "Dell" introduzido

-O nome do computador quando está bloqueado.
Um sistema operativo Windows foi encontrado com uma palavra-passe. Depois escolha **1** como na figura abaixo e valide com Enter(teclado)

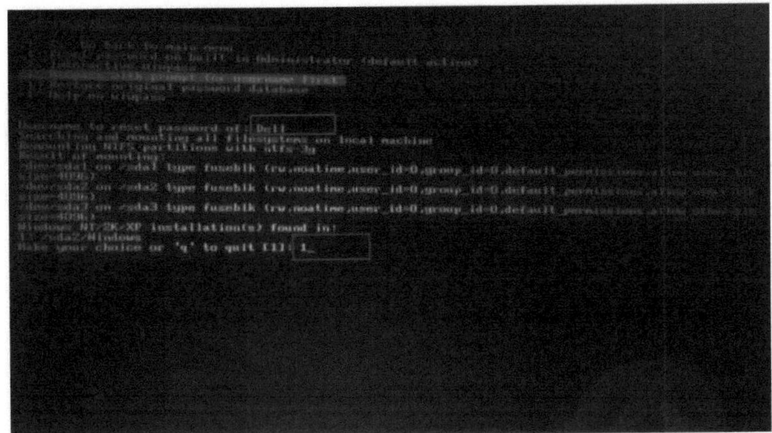

Figura 9: Confirmar com a tecla "1".

Aparece outro menu (este) dando-lhe a possibilidade de efectuar todo o tipo de manobras (1-Delegar e deixar a palavra-passe em branco, 2-Alterar palavra-passe, 3-Reder solicitação ao Administrador, 4-Desactivar ou activar uma conta).

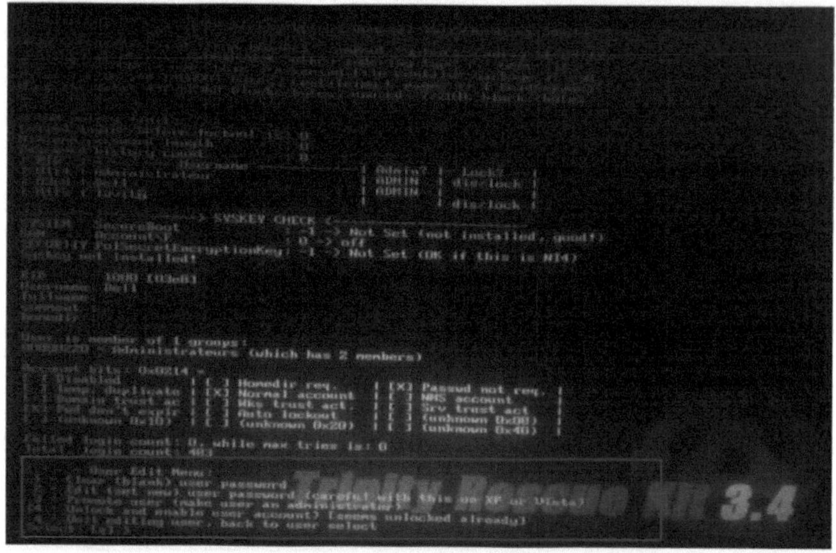

Figura 10: As diferentes possibilidades de eliminação de palavra-passe.

No nosso caso, escolhemos o primeiro (**1-Delete** e deixamos a palavra-chave vazia) para ir muito mais depressa.

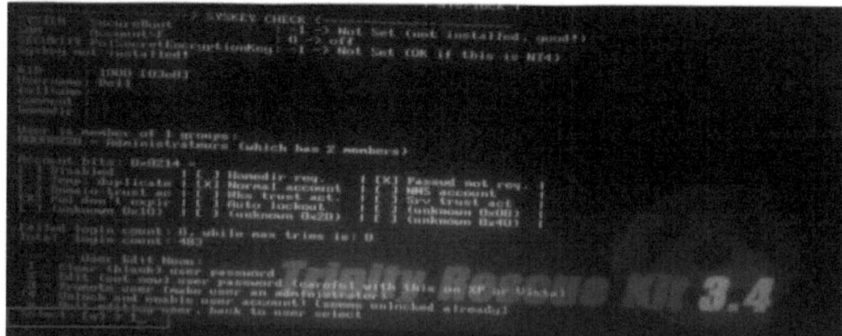

Figura 11: Escolha da selecção, aqui escolhemos "1".

Como se pode ver na figura, a senha no ficheiro SAM foi apagada, e deixa-a vazia

(Senha apagada!). Desta forma, não teremos de inserir uma palavra-passe no computador para aceder aos dados na próxima sessão.

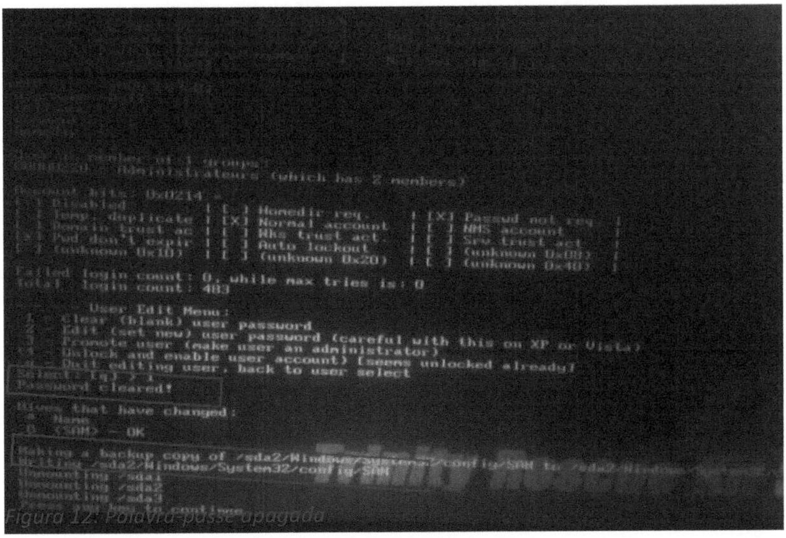

Figura 12: Palavra-passe apagada

Prima qualquer tecla para continuar...
Após reiniciar, a palavra-passe deixará de aparecer, teremos acesso à interface do ambiente de trabalho.
Dissemo-lo e fizemo-lo em menos de 60 segundos.

5.1.2. Janelas 7

Figura 13: Interface Windows 7

A figura que vemos é a do Windows 7. O nome do
Utilizador/Administrador/Guest é **Clement.**
R eboot com a chave USB e usar as mesmas técnicas mas com o nome **Clement**
(não se esqueça que para começar numa chave USB, deve primeiro configurar o
Bios).
É a interface que muda, caso contrário é o mesmo processo.

5.1.3. Janelas 8

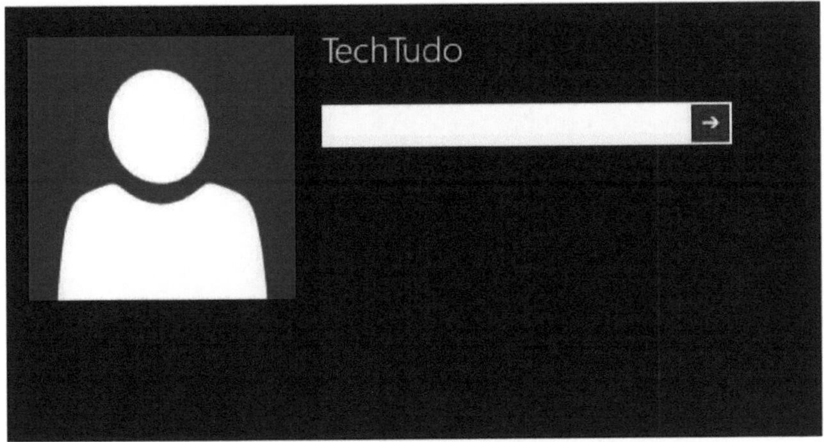

Figura 14: Interface Windows 8

A figura que vemos é a do Windows 8. O nome do Utilizador/Administrador/Guest é **TechTudo.**

Reinicie com a chave USB e utilize as mesmas técnicas mas com o nome **TechTudo** (não se esqueça que para começar com uma chave USB, deve primeiro configurar a Bios).

É a interface que muda, caso contrário é o mesmo processo.

5.1.4. Janelas 8.1

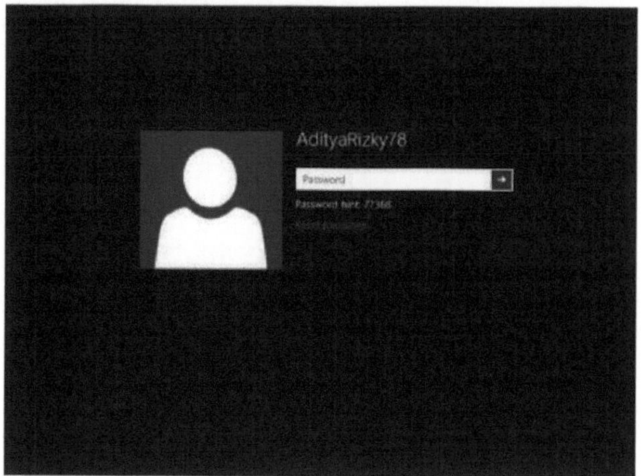

Figura 15: Interface Windows 8.1

A figura que vemos é a do Windows 8.1. O nome do Utilizador/Administrador/Guest é **AdityaRizky78.**
Reinicie com a chave USB e utilize as mesmas técnicas mas com o nome **AdityaRizky78** (não se esqueça que para começar com uma chave USB, deve primeiro definir a Bios).
É a interface que muda, caso contrário é o mesmo processo.

5.1.5. Janelas 10

Figura 16: Interface Windows 10

A figura que vemos é a do Windows 10. O nome do
Utilizador/Administrador/Guest é **Mum.**
Reinicie com a chave USB e utilize as mesmas técnicas mas com o nome **Mum**
(não se esqueça que para começar com uma chave USB, deve primeiro
configurar a Bios).
É a interface que muda, caso contrário é o mesmo processo.

5.2 Servidor Windows

5.2.1. Servidor 2003

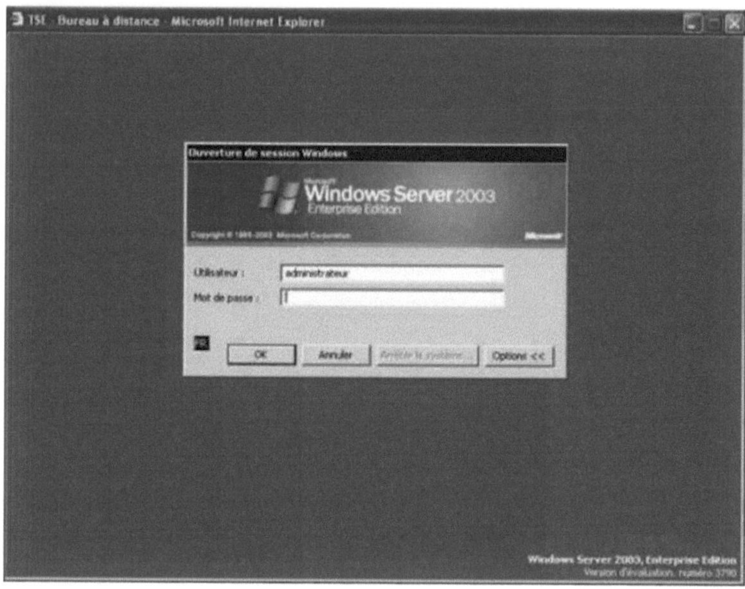

Figura 17: Interface Windows Server 2003

A figura que vemos é a do Windows Server 2003. O nome do Utilizador/Administrador/Guest é **Administrador.**

Reinicie com a chave USB e utilize as mesmas técnicas mas com o nome do **administrador** (não se esqueça que para começar com uma chave USB, deve primeiro configurar a Bios).

É a interface que muda, caso contrário é o mesmo processo.

5.2.2. Servidor 2008

Figura 18: Interface Windows Server 2008

A figura que vemos é a do Windows Server 2008. O nome do Utilizador/Administrador/Guest é **Administrador.**

Reinicie com a chave USB e utilize as mesmas técnicas mas com o nome **Administrador** (não se esqueça que para começar com uma chave USB, deve primeiro configurar a Bios).

É a interface que muda, caso contrário é o mesmo processo.

5.2.3. Servidor 2012

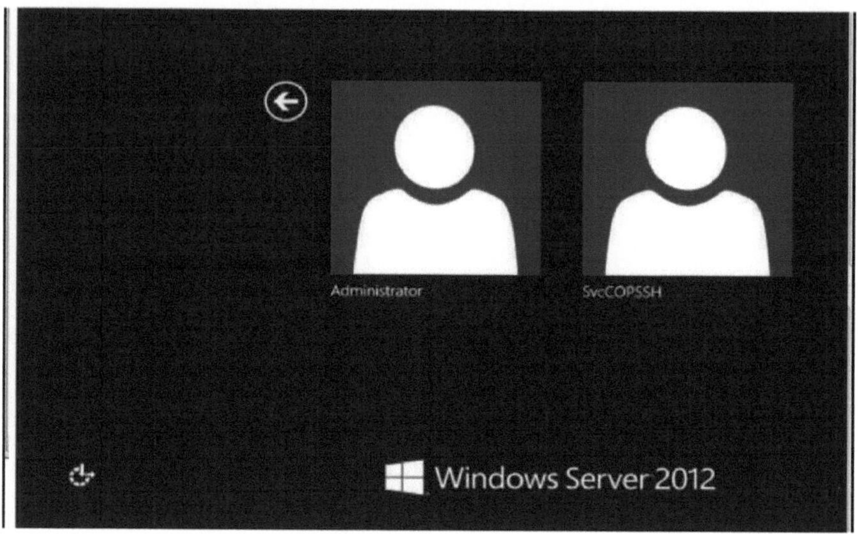

Figura 19: Interface Windows Server 2012

Aqui temos duas contas (ver figura ao lado).

A figura que vemos é a do Windows Server 2012. O primeiro nome é **Administrador** se quisermos remover a palavra-passe de **Administrador** e o segundo é **swCOPSSH** se quisermos remover a palavra-passe **swCOPSSH.**

Passo :

Reinicie com a chave USB e utilize as mesmas técnicas mas com o nome **Administrador** ou **swCOPSSH** (não se esqueça que para começar com uma chave USB, deve primeiro configurar a Bios).

É a interface que muda, caso contrário é o mesmo processo.

5.2.4. Servidor 2019

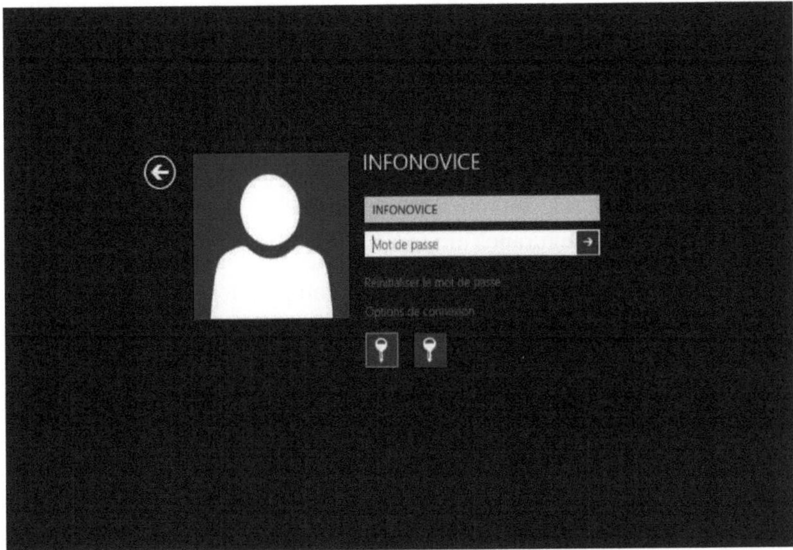

Figura 20: Interface Windows Server 2019

A figura que vemos é a do Windows Server 2012. O nome do Utilizador/Administrador/Guest é **INFONOVICE.**

Reiniciar com a chave USB e utilizar as mesmas técnicas mas com o nome **INFONOVICE** (sem esquecer que para começar numa chave USB, é necessário primeiro definir a Bios).

É a interface que muda, caso contrário é o mesmo processo.

6. O Antídoto

A única protecção que pode ser dada nestas condições é a segurança física. Não mais!

6.1. Protecção física dos postos de trabalho

6.1.1. Cabos e fechaduras de segurança

Existem vários métodos de protecção física dos computadores:
- o Utilizar cabos anti-roubo no equipamento (Figura 21).
- o Manter as salas de telecomunicações fechadas.
- o Instalar gaiolas de segurança em torno do equipamento.

Muitos computadores portáteis e monitores de computador caros estão equipados com um entalhe de segurança de aço que pode ser utilizado com cabos anti-roubo. A fechadura com chave é o tipo mais comum de dispositivo de fecho de porta. Não fecha automaticamente quando a porta se fecha. Além disso, um cartão de plástico fino, tal como um cartão de crédito, pode ser deslizado entre a fechadura e a moldura da porta para forçar a porta a abrir. As fechaduras nas portas de edifícios comerciais são diferentes das utilizadas nos edifícios residenciais. Por exemplo, uma lingüeta é utilizada para fornecer segurança extra. A utilização de fechaduras com chave, no entanto, apresenta um problema de segurança em caso de perda, roubo ou duplicação de chaves.

No caso de um fecho com código (ver Figura 22), o utilizador deve premir botões numa ordem específica para abrir a porta. Este tipo de fechadura pode ser programada. Isto significa que o código de um utilizador só pode funcionar em determinados dias ou em determinadas alturas. Por exemplo, um bloqueio de código pode permitir o acesso de Bob à sala do servidor apenas entre as 7:00 a.m. e as 18:00 p.m. de segunda a sexta-feira. As fechaduras codificadas podem também manter um histórico das aberturas da porta, bem como o código utilizado para a abrir.

Figura 21:Cabo de bloqueio do bloco de notas

Figura 22: Bloqueio por código

6.1.2. Atraso antes da desconexão

Um empregado levanta-se e sai do seu posto de trabalho para fazer uma pausa. Se este empregado não tomar medidas para proteger o seu posto de trabalho, toda a informação que contém é vulnerável e pode cair nas mãos de um intruso. Uma empresa pode tomar as seguintes medidas para impedir o acesso não autorizado:

Atraso de desactivação e bloqueio do ecrã

Os empregados podem escolher se querem ou não desligar-se do seu computador quando saem da sua estação de trabalho. Por conseguinte, recomenda-se, por razões de segurança, definir um temporizador de inactividade que desliga automaticamente o utilizador e bloqueia o ecrã após um determinado período de tempo. O utilizador deve voltar a iniciar sessão para desbloquear o ecrã.

Tempos de ligação

Em alguns casos, uma empresa pode impor horários de login aos seus empregados; entre 7:00 e 18:00 horas, por exemplo. Ao fazer isso, o sistema bloqueará quaisquer tentativas de ligação fora destas horas.

6.2. Segurança física

6.2.1. Controlo de acesso físico

Vedações e barricadas

Quando se fala de segurança física, a barreira física é a primeira coisa que me vem à mente. Um sistema de segurança perimetral consiste geralmente nos seguintes componentes:

o Esgrima periférica

o Barreira de segurança

o Bollards (estes são pequenos postes concebidos para evitar a intrusão)
   de veículos; ver figura 24)

o Barreiras de acesso de veículos

o Gueríticos

Uma vedação é uma barreira que rodeia uma área segura e marca os limites da propriedade. Todas as vedações devem satisfazer requisitos específicos de concepção e características estruturais. As zonas de alta segurança requerem geralmente uma "fronteira defensiva", como o arame farpado. Na concepção do perímetro de segurança, devem ser consideradas as seguintes regras para vedações:

o Uma cerca de 1 metro só dissuadirá intrusos ocasionais.

o Uma vedação de 2 metros é demasiado alta para ser escalada por intrusos ocasionais.

o Uma vedação de 2,50 metros irá atrasar um intruso determinado.

As limitações defensivas proporcionam um dissuasor adicional e atrasarão os intrusos ao infligir cortes graves; no entanto, podem utilizar um cobertor ou colchão para reduzir o risco de ferimentos.

Os regulamentos locais aplicáveis podem limitar o tipo de vedação que uma empresa pode utilizar.

As vedações devem ser mantidas regularmente. Os animais podem enterrar-se debaixo da cerca de segurança; a erosão do solo pode também tornar a cerca instável e assim proporcionar um acesso fácil aos intrusos. Inspeccionar regularmente as vedações. Não estacionar veículos perto de uma vedação. Um intruso poderia usar esse veículo para trepar a vedação ou danificá-la.

Figura 23: Borda defensiva

Figura 24: Terminais

Crachás e Portos de Acesso

Um crachá de acesso permite a uma pessoa aceder a uma área equipada com pontos de acesso automatizados. Um ponto de entrada pode ser uma porta, torniquete, portão ou outra barreira. Os crachás de acesso utilizam uma variedade de tecnologias, tais como bandas magnéticas, códigos de barras ou biométricos. Um leitor de cartões lê um número contido no crachá de acesso. O sistema envia o número para um computador que toma decisões de controlo de acesso com base nas credenciais fornecidas. O sistema regista a transacção para posterior recuperação. Os relatórios indicam quem passou por um ponto de entrada e quando.

6.2.2. Monitorização

Guardas e pessoal de escolta

Em todos os sistemas de controlo de acesso físico, incluindo os sistemas de dissuasão e detecção, a intervenção de uma pessoa autorizada é sempre necessária para parar o ataque ou a intrusão. Em instalações de sistemas de informação de alta segurança, os guardas controlam o acesso às áreas sensíveis da empresa. A vantagem dos guardas em relação aos sistemas automatizados é inegavelmente a sua adaptabilidade. Isto permite-lhes identificar a situação com que são confrontados e tomar rapidamente as decisões adequadas. Os guardas de segurança são portanto a solução ideal de controlo de acesso quando a situação requer uma resposta adaptada e instantânea. Mas nem sempre é este o caso... Há muitos inconvenientes na utilização de agentes de segurança, incluindo o custo e a impossibilidade de monitorizar e registar grandes volumes de tráfego. Há também outro factor a ter em conta: o risco
de erro humano.

Vídeo e vigilância electrónica

Técnicas de vigilância vídeo e electrónica complementam ou, em alguns casos, substituem os guardas de segurança. Os benefícios da vigilância vídeo e electrónica incluem a capacidade de monitorizar áreas mesmo quando não há guardas ou pessoal presente, a capacidade de gravar e registar dados de vídeo e vigilância por longos períodos de tempo, e a capacidade de integrar a detecção e notificação de movimento.

A vigilância vídeo e electrónica também permite uma captura mais precisa dos eventos, mesmo depois de estes terem ocorrido. Outra grande vantagem desta técnica de vigilância é que fornece pontos de vista que são difíceis de obter simplesmente através da utilização de agentes de segurança. A utilização de câmaras também pode ser muito mais económica na monitorização de todo o perímetro de um local. Num ambiente altamente seguro, uma empresa deve colocar equipamento de vídeo e vigilância electrónica em cada entrada, saída, cais de carga, escadaria e área de remoção de lixo. Na maioria dos casos, este tipo de vigilância complementa os guardas de segurança.

7. Conclusão

É possível quebrar a palavra-passe do Windows em menos de 60 segundos?
Depois de termos demonstrado isto ao longo deste livro, só podemos responder afirmativamente, provando-o na prática.

Assim, para além do que se pode dizer, a segurança dificilmente existe, *o que* precisamos de dizer *é* antes ***níveis de segurança.*** Precisamos de proteger cada camada do modelo OSI (Open System Interconnection é uma norma para a comunicação em rede de todos os sistemas informáticos) a fim de abrandar e dissuadir o atacante.

Não tratámos neste livro das diferentes políticas de segurança, o que quer que tenhamos dado ao Antídoto, mas uma forma de quebrar senhas em situações desejáveis e com o consentimento da pessoa que tem o computador (não sem o seu conhecimento!).

O nosso objectivo é ajudar as pessoas que esqueceram a sua palavra-passe a poderem utilizar novamente o seu computador sem qualquer dificuldade.

yes
I want morebooks!

Buy your books fast and straightforward online - at one of world's fastest growing online book stores! Environmentally sound due to Print-on-Demand technologies.

Buy your books online at
www.morebooks.shop

Compre os seus livros mais rápido e diretamente na internet, em uma das livrarias on-line com o maior crescimento no mundo! Produção que protege o meio ambiente através das tecnologias de impressão sob demanda.

Compre os seus livros on-line em
www.morebooks.shop

KS OmniScriptum Publishing
Brivibas gatve 197
LV-1039 Riga, Latvia
Telefax: +371 686 204 55

info@omniscriptum.com
www.omniscriptum.com

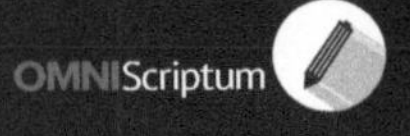

Printed by Books on Demand GmbH, Norderstedt / Germany